ANTONIO MARCOS PIRES

Mensagem para as Mães

De: _____

Para: _____

EDITORA
SANTUÁRIO

Diretor Editorial:
Marcelo C. Araújo

Editores:
Avelino Grassi
Márcio F. dos Anjos

Coordenação Editorial:
Ana Lúcia de Castro Leite

Revisão:
Bruna Marzullo

Projeto Gráfico e Diagramação:
Juliano de Sousa Cervelin

Capa:
Simone Godoy

* Revisão do texto conforme o Novo Acordo Ortográfico da Língua Portuguesa, em vigor a partir de 1º de janeiro de 2009.

Dados Internacionais de Catalogação na Publicação (CIP)
(Câmara Brasileira do Livro, SP, Brasil)

Pires, Antonio Marcos
    Mensagem para as mães / Antonio Marcos Pires. – Aparecida, SP: Editora Santuário, 2009.

    ISBN 978-85-369-0164-0
    1. Mães – Reflexões – Citações, máximas etc. I. Título.

09-03546   CDD-808.882

Índices para catálogo sistemático:

1. Mães: Citações: Coletâneas: Literatura
   808.882

5ª impressão

Todos os direitos reservados à **EDITORA SANTUÁRIO** — 2016

Composição, CTcP, impressão e acabamento:
EDITORA SANTUÁRIO - Rua Padre Claro Monteiro, 342
Fone: (12) 3104-2000 — 12570-000 — Aparecida-SP.

Apresentação

Tenho muito orgulho de apresentar o livro *Mensagem para as Mães*, produzido pelo grande amigo e companheiro da Rádio Globo, Antonio Marcos Pires, uma pessoa com iniciativa, dedicada, séria, e que eu respeito muito. Pensei: como eu faria a abertura de um livro com esse título? Talvez contando uma história, que tenha sido uma das mais importantes da minha vida, da qual minha mãe (*Myriam Pamplona de Campos*) participou, e que talvez tenha me transformado numa pessoa melhor para o resto da vida. Lembro-me de quando era pequeno; eu, com 6 anos, provavelmente, e meu irmão, com 5. Morávamos num sobradinho, no Bairro de Lins de Vasconcelos, na Rua Bicuíba, quase na subida do Morro do Cabuçu, no Rio de Janeiro, e gostávamos de fazer gaivotas de papel. Um dia, pegamos uma revista, fizemos umas 100 gaivotas de papel e jogamos todas pela janela. E qual não foi nossa surpresa quando, dez minutos depois de termos feito aquela travessura, bateu na porta de nossa casa o faxineiro, a pessoa que limpava o jardim. Minha mãe pediu que ele descesse e nos levou, cada um por uma orelha, e falou o seguinte: "Filhos, primeiro vocês vão limpar todas as gaivotas do jardim". E nós tiramos todas as gaivotas do jardim. E ela também nos fez limpar todas as folhas que tinham caído. E quando nós pensávamos que o castigo já tinha acabado, ela nos fez beijar as mãos do Sr. Brito, que era um português, trabalhador, dizendo: "Vocês estão beijando a mão de um trabalhador. E o trabalhador é que faz a realidade de um país, e vocês vão guardar isso para o resto da vida".

Na realidade, essa mensagem, que minha mãe passou sobre a importância das pessoas, certamente ajudou a construir a família legal que hoje temos, e devemos isso a ela. Então, esta é a forma como eu posso abrir este livro, desejando muito sucesso para você, grande Antonio Marcos Pires, e felicidade a todos os que vão ler as lindas mensagens contidas nele.

Rubens Campos
Diretor Geral
Sistema Globo de Rádio

1

Mãe, criação divina

Quando Deus escolheu a mulher, entre todas as suas criações, para ser MÃE, deu a ela o sexto sentido, ou aquilo que muitos chamam de *premonição*. É que mãe adivinha sempre o bem do filho e, na maioria das vezes, previne o mal e ora, reza, pedindo a Deus que o afaste do perigo. É sempre bom lembrar os versos de um poeta que exalta essa criação divina, a Mãe: "Eu vi minha mãe rezando/ Aos pés da Virgem Maria/ Era uma Santa escutando/ O que a outra santa dizia".

Mãe é uma das grandes verdades divinas ditas por Jesus, repetindo um dos mandamentos da Lei de Deus: "Honrai a vosso pai e a vossa mãe, a fim de viverdes longo tempo na Terra". E por que Jesus teria dito isso? Porque, sendo a mãe criação divina, Ele quis mostrar que ao amor de um filho devem juntar-se o respeito, as atenções e os cuidados, a obrigação de amar, respeitar e cuidar de nossa mãe com desvelo e grande devotamento filial. Honrar a mãe consiste enfim em assisti-la na necessidade, cercá-la de amparo e repouso na velhice. Não foi à toa que, ao criar a mulher, Deus disse: "Crescei e multiplicai".

E essa grande responsabilidade, segundo o Antigo Testamento, foi dada à primeira mulher, Eva. Eva, mulher, Eva, mãe, criação divina que se multiplicou divinamente, porque nenhuma folha se move sem a Vontade do Criador.

2

Dedicação de mãe!

*M*ãe é dedicação em tempo integral.
Presente em todos os momentos da vida,
ela torna nossa caminhada mais leve,
nossos passos mais firmes e nosso coração mais confiante!
Cuida de nosso sono e ilumina nosso dia-a-dia com sua
força de mulher e seu amor sincero e único.
Só mesmo as mães para fortalecer nossos passos e
nos acolher com imensa ternura, braços fortes e coração puro.
O que seria do mundo se não fossem as mães?
Só elas sabem o que é lutar pela felicidade de um filho.
Só elas são capazes de transformar o universo
com ternura e dedicação.
Mães são guerreiras. Lutadoras. Protetoras.
Incansáveis anjos de luz!
Educam, orientam e deixam nossos corações em paz.
Com força de mulher e abraço protetor, as mães
são gotas divinas de esperança no interior de nossas almas.
Únicas em sua imensa beleza,
perfumam nosso caminho com o

doce aroma das rosas!
Mãe é presença de Deus
em nossas vidas!
Imensa lua a clarear nossos dias!

3

Carinho de mãe

Intenso como as ondas do mar,
cheio de energia como a luz da manhã:
assim é o carinho de mãe.
Aquece. Fortalece e acolhe a alma.
Carinho de mãe nos deixa com
os olhos brilhantes,
com a alma mais pura
e um sorriso sereno e confiante,
Carinho de mãe deixa
o coração risonho, resplandecente,
batendo intensamente.
Carinho de mãe
é igual a cheiro de bolo,
café da manhã,
leite fresquinho.
Aconchega e dá serenidade.
Enriquece a alma, eleva os sentimentos
nos guiando pela longa estrada da vida
com mãos firmes e braços fortes.

Quem tem o carinho de mãe
é feliz. Sorridente. Enfrenta os obstáculos
da vida com coragem, fé e confiança!
Porque o carinho de mãe
nos dá a certeza de que nunca, jamais,
estaremos sozinhos.
Carinho de mãe
nos transporta para junto de Deus.
É verdadeiro.
O carinho mais puro que existe na face da Terra.
Carinho de mãe nos leva no colo,
nos afaga os cabelos,
nos beija na face
e mostra que o mundo sempre vai valer
mais e a pena porque
o carinho de mãe
é amor para além da eternidade!
Assim é o carinho de mãe.

4

Mãe, pedacinho do céu!

Mãe,
farol que ilumina!
Luz que irradia e guia nossos passos
cobrindo de beleza e força
nossa longa caminhada.
Mãe,
exemplo de bondade e fraternidade.
Espelho de vida. Meiga. Amorosa. Amiga.
Mãe,
forte, guerreira, sincera,
tem sempre uma palavra de incentivo,
um sorriso de paz.
Nunca nos deixa faltar o apoio
de que precisamos para nos tornamos
pessoas de bem, pessoas melhores,
preparando-nos para a vida!
Para a longa caminhada.
Mãe,
grande companheira,

mulher sentimental, sensível e verdadeira.
Pura como a água da fonte
e doce como a brisa do vento.
Infinita em sua bondade.
Sempre presente em todos os momentos.
Cuidando de nossa vida.
Olhando por nosso futuro.
Orando por nosso sucesso.
Ela é nosso exemplo de vida!
Nosso maior tesouro.
Alicerce que nos dá força,
transformando-nos em pessoas mais confiantes!
Mãe, força que estimula.
Amor que eterniza.
Vida que irradia!
Toda mãe é um pedacinho do céu,
aqui mesmo na Terra.

5

Mãe, eterna companheira

Todas as mães são especiais, queridas e amadas!
Iluminam e embelezam a estrada, tornando sonhos possíveis.
Dedicadas e corajosas, acreditam e apostam no sucesso
do filho querido.
Mães dividem segredos. Compartilham felicidade.
Distribuem amor sem esperar retribuição.
São fortes. Corajosas. Mulheres de fibra que enfrentam
tempestades pelo bem-estar do filho amado.
Mãe renuncia. Mãe é ternura. Compreensão. Amizade.
Companhia certa em todos os momentos da vida.
Mães sãos verdadeiros presentes de Deus.
Guiam as mãos dos filhos amados
nos momentos de incerteza.
Fortalecem a fé no instante da dúvida.
Orientam. Aconselham. Amparam. Dedicam horas, dias,
segundos e nunca se cansam de tanta doação.
Porque mãe é amor intenso. Completo. Infinito.
Ser mãe é partilhar conquistas. Dividir vitórias.
Torcer pelo sucesso.

Estão sempre presentes, exibindo
o sorriso que conforta.
A palavra que consola.
O abraço que aquece.
O beijo que enternece.
O sorriso realizado. Serenidade. Paz.
Mães são também guerreiras. Lutadoras. Vibrantes.
Jamais abandonam um filho.
Porque mãe é certeza de estar junto.
Estrela que brilha no imenso universo criado por Deus.
Mãe é presença constante. Mão amiga. Acolhedora.
Eterna companheira das lutas!
Amiga que sempre nos escuta.

6

Feliz Aniversário, minha mãe!

Mãe, amorosa e dedicada.
Minha grande amiga e fiel companheira, hoje é um dia
muito especial, dia de seu aniversário!
Minha querida mãezinha, desejo que o dia de hoje seja
um dia de muita luz e esperança.
Que os anjos, que sempre estiveram a seu lado, abençoem cada vez
mais seus passos firmes para que a senhora tenha sempre um sorriso no rosto,
um coração afetuoso e palavras de incentivo e coragem.
Mãezinha querida, hoje também estou com o coração
em festa por seu aniversário. Por seu dia!
É uma sensação imensa de felicidade estar a seu lado compartilhando
uma data tão importante.
No dia especial como o de hoje, peço a Deus, mãe querida,
que derrame bênçãos de luz em sua vida de vitórias.
Tornando assim, minha mãe, seu caminho suave, seus passos mais certos
e sua mente tranquila.
E que em sua vida estejam sempre presentes a harmonia,
a saúde e a compreensão.
Muito amor em seu caminho, mãe querida.

Esse amor imenso que somente a senhora tem
para oferecer com suas mãos estendidas em minha direção.
Foi seu amor, querida mãezinha,
que me tornou uma pessoa de bem.
Esse amor que é um exemplo.
Exemplo de coragem, honestidade e vida!
Querida mãezinha, só tenho a agradecer a Deus por estar a seu lado
num momento tão especial, dividindo bênçãos, repartindo alegria
e somando felicidade.
Só tenho a agradecer por ser seu filho.
Hoje é seu dia, mãe querida!
Receba um abraço afetuoso do fundo de meu coração
porque eu lhe amo e oro
por sua felicidade todos
os dias de minha vida!
Feliz Aniversário!!!

7

Mãe, melhor amiga!

Mães, imensas guerreiras que orientam o longo
caminho que percorremos na estrada sinuosa chamada vida!
Com mãos de fada e peito de aço, suavizam nossa jornada.
Mulheres determinadas, entregam-nos suas vidas para nos
trazer conforto e dar felicidade e paz a nossos corações
muitas vezes cansados e cheios de dúvidas.
Com mãos amigas, essas amadas mulheres, abençoadas por Deus
e guiadas pelos anjos, apontam o verdadeiro caminho.
Olham na mesma direção.
E nos entendem quando tropeçamos e insistimos no erro.
Estão a nosso lado em qualquer fase de nossas vidas.
Como é bom saber que as mães existem!
Tornam o mundo mais caloroso.
Derramam o brilho em nossos dias de luta.
Enchem nossos corações de ternura.
Quem está sempre presente em todos os momentos da vida?
Elas. As mães. Insistentes. Persistentes.
Prontas para fazer um cafuné e dar uma bronca
quando é preciso.
Por quê? Porque mãe é amiga.
Eterna e maravilhosa conselheira!

8
Colo de mãe!

Colo de mãe é assim, quentinho, cheiroso, saboroso, aconchegante.
Protege do frio, das incertezas da vida e inspira
dias melhores, vitoriosos e cheios de dádiva.
Colo de mãe acalma e está presente em todos os dias do ano.
Minutos. Segundos. Instantes.
Colo de mãe é macio. Amigo.
Jardim em flores no coração de nossas almas.
Beleza. Pureza. Leveza. Certeza de segurança
e fidelidade.
Colo de mãe cativa a alma. Abriga.
E convida para um novo dia!
Colo de mãe
é remédio contra as incertezas.
Freia nossa pressa. Ampara nossos deslizes
Recebe o filho que veio de longe. Cansado. Cheio de dúvidas.
Recebe o filho que chegou do trabalho.
Que acabou uma prova difícil.
Porque colo de mãe é a melhor coisa da vida.
É a certeza da existência de Deus presente em nossa caminhada.

Colo de mãe é abrigo. Busca de inspiração para a realização
dos Sonhos mais escondidos dentro de nossa alma.
Colo de mãe é mensagem de amor no coração do mundo.
Esperança no amanhecer do céu que colore o universo,
com as mãos ágeis do criador.
Colo de mãe é serenidade. Carinho. Ternura.
Cheiro de café gostoso. Doce de coco saboroso.
Raio de sol.
Pingo de luz.
Colo de mãe é amor que consola.
Vida que ensina.
Dia que nasce.
Colo de mãe é pra sempre. Sinal de eternidade.
Guia meus passos.
Orienta meu mundo. Me afasta da solidão.
Defende das tempestades!
Colo de mãe é amor, alimento, ensino, partilha.
Vida que pulsa!
Luz que irradia.

9

Mãe é mãe

Mãe rica, mãe pobre.
Mãe dos que já se foram, mãe dos que ficaram.
Mãe do plebeu, mãe do nobre.

Mãe do bandido, mãe do mocinho.
Mãe do perdedor, mãe do herói.
Mãe de todos...

Mãe do negro, mãe do branco.
Mãe do índio, mãe do amarelo.
Mãe que gerou, mãe que adotou.
Mãe que sofreu, mãe que jamais se calou.

Mãe que sentiu dor, que deu à luz, que pariu.
Mãe que não pôde ser mãe, mas que não desistiu.

Mãe que criou, que educou, que formou o Homem.
Mãe que carregou no ventre o Salvador.
Mãe como a Virgem Maria.
Mãe como a de um simples trabalhador.

Mãe como a nossa mãe!

10

Mãe, eu amo você

Ser mãe é a maior realização de uma mulher.
Poder gerar dentro de seu ventre uma outra vida
é mais do que bonito, é mágico, é fantástico, é milagroso.

Não importa que a barriga e os seios cresçam,
que o corpo não seja mais o mesmo,
que as estrias e celulites apareçam...

Não importam os enjoos e nem as pernas inchadas;
tudo vale a pena pra ver
aquele coraçãozinho lá dentro bater.

Nove meses de espera e, às vezes, até menos...
Nem disso a mulher reclama...
Eis que nasce seu fruto!
"Que alegria!", ela exclama.

Um pouco mais tarde, o filho as palavras já sabe juntar.
Atenta, ela tenta entender.
Eis que a boquinha dele a faz se derreter
quando diz:
"Mamãe, eu amo você!"

11

Obrigado, mãe querida!

Obrigado, mãe querida, por me receber
como filho em seu ventre.
Obrigado, mãezinha, por embalar-me em seu peito
quando eu ainda era um bebê
e precisava de sua atenção cuidadosa.
Obrigado por segurar minhas mãozinhas
quando eu, ainda pequenino, dava, inseguro,
meus primeiros passinhos.
Obrigado, mãe querida, pelas noites presentes
velando meu sono.
Quando eu, doente, precisei de um abraço
dengoso e acolhedor
e você estava a meu lado
para dar-me carinho e amor.
Obrigado pelas orações que rogou aos céus
com os olhos brilhando de esperança
e o coração palpitando de felicidade,
pedindo a Deus que abençoasse
meus caminhos, dando-me muita fé e lealdade.

Obrigado, mãe querida, pelo rigor,
pela educação e pelas broncas
quando tirei nota baixa no colégio.
As broncas, mãezinha, fizeram-me
estudar mais, e eu me tornei uma pessoa de bem.
Obrigado, mãe querida, pelas vezes em
que me ralei no colégio e precisei
de sua paciência para me fazer
cafuné e trocar meu curativo.
Obrigado, mãe querida, pelo dia em que eu quis
um pedaço de bolo e você,
mesmo cansada, depois de um dia de trabalho,
foi para a cozinha e preparou com todo o amor
e prazer o doce para eu comer!
Obrigado, mãezinha, pelas vezes em que você
me ajudou a escolher o caminho certo.
Obrigado sempre por suas palavras
cheias de sabedoria, que tanto iluminaram minha mente,
orientando-me nos momentos de dúvida.
Obrigado, mãe querida, por ser o sol
que aquece minha pele!
Obrigado por ser a mão que sustenta minha caminhada!
Nunca vou cansar de agradecer e dizer:
Obrigado, obrigado, mãezinha!

12

Maria, Mãe de Jesus Cristo

Ó Maria, Mãe de Jesus, exemplo e modelo de maternidade, compromisso,
fidelidade e amor incondicional.
Mulher corajosa e humilde, que ao aceitar sua gravidez agradeceu
e exaltou com alegria o poder e os desígnios de Deus.
Maria, Mãe de Jesus, sensível, carinhosa, fervorosa, rainha do lar, educadora,
conselheira e companheira, que, diante da missão de seu filho, com sabedoria
tudo aceitou, tudo compreendeu, tudo suportou com fé, silêncio, oração,
contemplação e amor materno sem limites.
O amor verdadeiro que partilha o pão da vida,
infinito como o universo, forte como a rocha e o diamante,
suave e perene como a brisa da manhã.
E, seguindo o exemplo de Maria, tantas mães de hoje assumem sua vocação
materna, trabalham, sofrem, lutam, resistem, ultrapassam seus próprios limites
acompanhando os desafios, provações e realizações de seus filhos
diante das contradições e adversidades de um mundo carente
de amor, justiça, fraternidade e paz.
Ó Maria, Mãe de Jesus, inspira todas as mães do Brasil
e do mundo, ilumina todas as mulheres agraciadas
pelo amor materno para que sigam teu exemplo,

a paz de teu olhar, o aconchego de teu coração,
o bálsamo de tuas generosas mãos, espalhando o bem
e o amor maior em todos os lares, nas famílias e na jornada
da vida, sob as graças e bênçãos de Deus.

13

Quero falar das mães

Quero falar das mães.
Quero falar dessa criatura maravilhosa escolhida
e designada por Deus para todos nós.
Quero falar desse amor verdadeiro, incondicional, infinito cuja beleza
nem mesmo as palavras podem expressar.
E o amor de mãe é muito mais do que sentimos ou contemplamos
com os olhos do coração.
Amor de mãe não mede distância, não faz distinção, é puro, espontâneo,
singelo, magnífico, especial e eterno.
Quero falar das mães, mulheres maduras, fortes, competentes, solidárias, amáveis,
sempre preparadas para os árduos desafios em busca de seus nobres e belos ideais,
e, por isso, devem ser respeitadas, homenageadas, amadas.
Quero falar das mães corajosas e persistentes cultivando com o maior amor
do mundo a felicidade da família.
O que seria de nós sem nossas mães!
Parabéns, mamães!
Parabéns para você, minha mãe!
Quero apenas dizer que você é a razão de meu viver.
EU TE AMO, MÃE!

14

Tenho orgulho de ser seu filho

O que dizer de uma mulher de quem simplesmente
tenho orgulho de ser filho?
O que dizer de um ser humano maravilhoso que tenho
a honra e a gratidão de chamar de mãe?
Muitas coisas precisam ser ditas com emoção, alegria, carinho
e admiração, porque tenho muito orgulho de ser seu filho.
Mãe, por tudo o que você fez, ainda faz e significa pra mim, você merece muito
mais do que posso expressar nestas palavras sinceras e modestas de um filho feliz
que se espelha em sua dedicação, em seus exemplos, virtudes e qualidades.
Mãe, tenho orgulho de ser seu filho.
Hoje, um pouco mais maduro e ainda com tantos planos em minha vida, presencio
sua vitória nos empreendimentos, suas conquistas como mulher, seus êxitos
e merecido sucesso por tudo que construiu, idealizou, realizou, priorizando o
bem-estar da família, um futuro melhor, investindo também em minha formação
pessoal e profissional.
Não sei o que seria de mim se não fosse seu apoio, suas orientações, sua palavra
amiga nas decisões difíceis que precisei tomar, afinal, a vida é feita de escolhas e
opções, e sua presença foi importante em vários momentos de minha vida.
Sinto-me orgulhoso por isso.

Mãe, o que dizer de você diante de seu infinito ser?
Mas eu digo através de um beijo e um carinhoso abraço
que tenho muito orgulho de chamá-la de minha mãe,
tenho muito orgulho de ser seu filho.
Obrigado, mãe! Deus lhe abençoe, mãe!

15

Ser mãe pela primeira vez

Parabéns!
Nesse momento especial em sua vida você está sentindo
uma grande emoção ao ser mãe pela primeira vez.
É uma experiência maravilhosa!
O milagre da vida teceu o fruto do amor.
Você foi agraciada por Deus a realizar um grande sonho:
ser mãe, ver diante de seus olhos um novo ser,
uma criança que é sangue de seu sangue,
gerada e concebida com o amor
entre você e um homem.
Quem diria... você agora é mãe.
Brinde... comemore esse sonho realizado com sua família
e seus amigos.
Celebre o nascimento dessa criança que veio ao mundo
e será acolhida com todo o seu amor e carinho.
Abrace essa tarefa que Deus lhe confiou, amando,
educando e acompanhando todos os primeiros passos
desse novo ser que vai transformar sua vida.

Dedique-se o máximo possível para ser uma mãe amiga,
amorosa, paciente e compreensíva, pois a partir de agora
essa criança precisará sempre de você.
Parabéns por ser mãe pela primeira vez.
O amanhã pertence a Deus, e, se for da vontade
dele que você seja mãe novamente, será agraciada
com uma vibrante felicidade como a que sente agora.
Entretanto, brilha em seus olhos a sublime emoção
de ser mãe pela primeira vez.
É uma realização maravilhosa e muito gratificante.
A vida é bela porque oferece realizações tão felizes e abençoadas.
Sorrisos e inesgotáveis raios de tanta felicidade de ser mãe...
ser mãe pela primeira vez.
PARABÉNS!

16

Mãe, você é minha melhor amiga!

Mãe, sua amizade é a melhor do mundo!
A mais verdadeira. Sincera. Fiel e companheira.
A seu lado me sinto seguro e ganho
confiança para lutar por meus ideais e desbravar o mundo!
Sua amizade nunca vacila.
Não sente dúvida e jamais me crítica
sem um motivo justo.
Em você confio cegamente,
sou seu amigo plenamente.
Pois sua amizade, mãe, é diferente.
É eterna. Mágica. Cheia de amor e bondade.
É sua amizade que me faz sentir o saboroso
gosto da vitória. O cheiro de glória.
Total vencedor!
Com sua amizade,
enfrento todos os desafios e confio.
Pois ser seu amigo me faz melhor a cada dia.
Luto sem covardia. Caminho com passos fortalecidos.
Sua amizade não tem preço.
É especial. Muito leal!

Nada no mundo paga ter você a meu lado, encorajando
meus projetos e acreditando em meus sonhos.
Mãe, você é minha maior incentivadora,
quando preciso de um empurrãozinho para melhorar
e me transformar em uma pessoa de sucesso;
é com você que posso contar e é a você que
um conselho peço.
Sabe por que, mãe querida?
Porque você é minha melhor amiga.
Ontem, hoje, sempre, amanhã, eternamente!

17

Minha querida mãe adotiva

Mãe, estou aqui para lhe dizer tantas coisas bonitas do fundo
de meu coração, e também para lhe agradecer por seu gesto maravilhoso
ao conceber minha adoção.
Quando eu era criança, totalmente inocente da realidade, você
me acolheu e com um ato de profundo amor me adotou e
me embalou com carinho, dando-me o conforto de uma família.
E com toda a honra e alegria de ser também seu filho,
presto-lhe esta carinhosa homenagem.
Mãe, você me criou sem fazer nenhuma distinção, você
me educou sem restrições e me confortou com afeto verdadeiro,
oferecendo-me todas as condições básicas e necessárias
para meu crescimento pessoal, além da oportunidade
de ser amado por uma família maravilhosa.
O tempo passou, e hoje compreendo como tudo aconteceu,
todos os motivos que me fizeram ser agraciado por essa adoção
e tê-la como minha querida mãe adotiva.
Você provou que o amor é um gesto tão puro e verdadeiro,
que devemos fazê-lo sem querer nada em troca, sem discriminar
ninguém, aceitando com caridade que somos todos iguais
e que somos criados para cumprir uma nobre tarefa em nossa vida.

Assim como respeito a mulher que me gerou, de forma especial dedico meu amor e minha gratidão a você, que me criou, e hoje estou aqui, feliz no desejo de retribuir tudo o que você me fez. Com lágrimas nos olhos e muito amor no coração digo que lhe amo, lhe admiro, quero tê-la por muitos anos em meu convívio...
Deus lhe abençoe, minha querida mãe adotiva.

18

Mãe, eterno amor!

Amor de mãe é eterno.
Dura pra sempre. Nada e nem ninguém
pode substituí-lo. Nem por um segundo.
É o único amor insubstituível.
Porque o amor de mãe, além de ser eterno, é especial,
dá firmeza ao coração, ao mesmo tempo que transmite
uma paz infinita no peito. Serenidade. Intensidade.
E é um sentir eterno. Um amar verdadeiro.
Com sabor de festa! De dança! De música!
De felicidade que chega a doer na alma!
É impossível caminhar sem o amor eterno de mãe.
Sempre presente.
Pronto para enfrentar todos os embates da vida.
Todos os obstáculos. Dissabores. Maremotos. Tempestades.
Amor de mãe dura a eternidade. O tempo que for.
E nunca. jamais , diminui com os anos.
Pelo contrário, aumenta. Todos os dias. Todos os meses.
Todos os anos.
Não importa se o filho está presente ou ausente.
Mãe sente à distância. Ama apesar das dores.

Apesar da falta de notícia.
Porque amor de mãe, além de eterno,
é forte como a pedra. Profundo como a rocha.
Claro como o sol. Bonito como a natureza.
Intenso como as ondas do mar.
Fenomenal como o espetáculo preferido.
Espetáculo da vida!
Amor de mãe é eterno. Não tem despedida.
Nasce no ventre. Na pele que sente.
É vida pulsando dentro de cada ser.
É vontade de viver!
Pois é um amor imutável. Inquestionável!
Eterno. Dentro de uma longa e amada eternidade!
Mãe, hoje e sempre, meu eterno amor!

19

Maravilhosa criatura humana

Mãe, você é uma maravilhosa criatura humana,
por isso, contemplo seus cabelos grisalhos, seu olhar profundo,
sinais da experiência, do sofrimento
e da sabedoria dos anos vividos.

Mãe, eu respeito suas mãos trêmulas que outrora tanto semearam
e colheram frutos de generosidade, afeto e amor infinito.

Mãe, acompanho com ternura seus passos brandos porque na
serenidade de sua lentidão eu capto a mensagem da plenitude
e da arte de viver.

Mãe, aprecio com carinho sua maravilhosa criatura humana.
Se estiver na cadeira-de-balanço, regando as plantas e flores no
jardim, ao lado de todos os filhos e netos, eu contemplo com
emoção a beleza destas cenas inesquecíveis.

Mãe, na bela história de sua vida, você me ensina que ninguém
deixa de viver por envelhecer.

Você me ensina que o coração não tem idade,
que o espírito permanece jovem,
que a vida é bela e que viver é um presente de Deus.
Mãe, você é uma maravilhosa criatura humana!
Que Deus lhe abençoe!

20

Reflexo do amor de Deus!

Mãe, você é um reflexo do amor de Deus em minha vida.
Em minha infância, ensinou-me os primeiros passos,
alegrou-me com brinquedos, protegeu-me de meus medos,
carregando-me no colo, sorrindo e contando histórias para mim.

Mãe, você é um reflexo do amor de Deus em meu destino.
Nas lições de casa, orientou-me sendo minha professora.
Nas descobertas da adolescência e juventude, aconselhou-me
para escolher o bem, percorrer os caminhos certos, e ainda
soube compreender os avanços relacionados a minha idade.

Mãe, você é um reflexo do amor de Deus em minha história.
Em minha vocação, em meus empreendimentos e êxitos,
em minhas ousacias e façanhas, você sempre me apoiou,
me motivou, me corrigiu, me elogiou, me aplaudiu,
sempre torceu por mim.
Saiba que nada no mundo pode superar ou explicar a emoção
que sinto por tê-la presente em todos os momentos de minha vida.

Mãe, você é reflexo do amor infinito e incondicional de Deus.
Eu preciso muito de você.
Você é tudo pra mim, mãe!
Eu te amo!

21

Lembrança de minha mãe
(minha mãe, minha vida)

Mãe, palavra sem rima, porque não tem nada
no mundo que se iguale a ela.
A primeira palavra que a gente fala na vida.
A gente já aprende a amá-la em seu ventre.
Em suas entranhas.
E ela aprende a nos amar antes mesmo que a gente
venha ao mundo.
Porque nós já habitamos o interior de seu mundo.
Mãe, nossa primeira casa é seu ventre bendito.
Nosso primeiro abrigo. Nossa primeira morada.
Amor de mãe é renúncia, bondade, proteção, carinho, compreensão, doação.
Mãe, o refúgio seguro.
O calor que nos aquece.
O colo sempre pronto para suportar o peso do filho...
Quanto carinho, quanta doçura, quanta ternura,
quanta entrega, quanto amor...
Mãe, você é o maior milagre de Deus.
Eu te amo!

22

Mãe amiga

Mãe amiga, minha verdadeira companheira, mulher querida,
anjo de luz a guiar-me pela estrada da vida.
Mãe amiga, conselheira íntima, minha poetisa sonhadora.
Coração infinito, mãos calorosas que tanto espalham
sementes de amor.
Venha, mãe... vamos caminhar, sonhar, realizar sonhos,
apreciar o nascer de um novo dia.
Tudo isso é maravilhoso, minha mãe, porque a vida
nos permite essa graça, essa pura emoção de preenchermos
o tempo e o espaço com sentimentos saudáveis,
momentos dourados e dias felizes.
Mãe, espalhe sua energia, me abrace, me faça carinho,
quero apreciar seu sorriso, ouvir sua voz, segurar sua mão.
Cante uma canção, conte uma história, continue presente
transmitindo paz, esperança, alegria, amor,
e envolvendo-me com sua infinita amizade.
Deus abençoe!
Fique comigo, minha mãe amiga!

23

Simplesmente Mãe!

Mãe que chora, mãe que ri.
Mãe que acalenta,
mãe que amamenta.
Alimenta...
Mãe do rico, mãe do pobre,
mão nobre, mãe simples, mãe forte.
Mãe que sorri, que entristece.
Enaltece. Que luta, que estremece.
Que é vida.
Empresta o ventre.
Dá o seio.
Mãe que acolhe, que abriga,
protege e consola.
Mãe que trabalha, cozinha,
faz bolo, lava, passa, escreve,
faz conta, manda e-mail,
anda de ônibus, a pé, dirige.
Mãe que corre na chuva,
adora o sol,

anda descalça na grama.
Mãe que faz verso, poesia.
Mãe que ama, desama, atura, segura.
Mãe mulher, mãe beleza,
mãe alteza, mãe sua,
mãe nossa,
mãe de todos.
Simplesmente mulher.
Simplesmente mãe!

24

É maravilhoso o carinho de mãe!

Carinho de mãe consola, protege e faz o mundo
girar mais bonito!
Todos os dias do ano, todas as horas do dia.
É esperança em dia nublado,
Alegrando, encantando e amando!
Carinho de mãe é tudo,
é a melhor coisa da vida,
é um dia de festa com gosto de quero
mais. Com sabor de bolo de chocolate
com confeito de brigadeiro.
Carinho de mãe é assim...
Sol que irradia aconchego
iluminando as estradas mais longas,
encorajando na luta, no trabalho e no estudo.
Carinho de mãe é mimo em todos os instantes,
nos dias mais importantes...
Aniversário, festas, Natal e carnaval.
Carinho de mãe faz o dia mais colorido
enchendo o mundo de ternura, felicidade

e muita... muita bondade.
Carinho de mãe é sinônimo de fidelidade,
é estrela que brilha no céu,
é jardim florido com gosto de mel...
É pássaro cantando no dia ensolarado,
é lua que acende, deixando a noite
mais terna e cheia de luz.
Carinho de mãe é confortável,
é doce, maravilhoso, fantástico!
Carinho de mãe não tem igual,
é superespecial.
Igual ao seu, então, mãe, não tem outro igual!

25

Lembrando de você, mãe!

Meu pensamento distante viaja no tempo,
e de repente flagrei-me lembrando de você, mãe.
Doces recordações, momentos felizes, horas alegres e tristes,
passagens maravilhosas e inesquecíveis fizeram-me chorar
e sorrir, como um filme em minha mente,
um álbum de fotografias diante de meus olhos.
E lembrando de você, mãe, a saudade bateu tão forte em meu
coração que eu faria qualquer coisa neste momento para
reviver as fantasias da infância, os sonhos da adolescência,
as descobertas da juventude, estações de minha vida que você
presenciou e acompanhou com seu carinho, seus conselhos,
suas severas e sábias advertências, sua presença insubstituível
nos momentos mais importantes de minha vida.
Eu nunca falei nada para você, mãe, mas em silêncio sentia-me
privilegiado com sua proteção, honrado com seu caráter,
feliz por ter uma mãe heroína, batalhadora e vencedora.
Que saudade de você, mãe.
Uma saudade maravilhosa de sentir, uma lembrança tão gostosa
de se ter, uma emoção inexplicável que não consigo descrever,

que me toca no íntimo de meu ser.
Ah, se eu pudesse voltar no tempo para reviver
todos esses momentos com você.
Mas você continua sendo minha mãe.
Eu a vejo claramente em minha frente, na mesa de jantar,
na rotina diária, no merecido momento de descansar.
E continuo pedindo-lhe a bênção,
dando-lhe um carinhoso abraço,
admirando sua história de vida, seguindo seus exemplos, mãe.
Eu queria muito, muito mesmo, estar contigo.
Se de tudo fica um pouco no arquivo do coração, saiba que muito
de você ficará comigo para sempre.
Eu queria muito lhe ver, mãe.
Sempre lembrarei de você,
minha querida mãe!

26

Mãe feliz

Mãe, quando penso no amor,
sempre me lembro de você, pois
foi você que me ensinou o
que é o amor, o que é a
esperança, o que é a vida.

Mãe, quando paro para falar
de você, fico sem palavras, pois
o amor que eu sinto por você
não dá para explicar.

Mãe, quando penso em você,
eu fico imaginando como
uma mãe simples como você
pode me ajudar tanto.

Mãe, quando lhe abraço,
Eu me sinto muito feliz; não é
por menos, você me enche de amor e carinho.

Mãe, no dia de hoje eu desejo a você:
muita paz, alegria, esperança,
felicidades e tudo de bom.
Que Deus lhe abençoe.
Eu te amo, mãe!

Yasmin Affonso Pires
(minha filha, 10 anos)

27

Mãe adotiva

Ela não carregou o filho no ventre, mas trouxe
essa criança para o braço.
Mãe adotiva não escolhe a filha ou o filho,
é o mistério da simpatia mútua que une os dois
num terno abraço.
Uma escolha com origem no universo, talvez.
Numa estrela distante onde o brilho da luz
do amor se fez.
Mãe adotiva cuja maternidade se estabelece
na emoção.
Por isso, a maternidade não vem do ventre,
mas do coração.
Mãe adotiva, na Terra representa
o primeiro ato divino
ao ser a mãe de Criação.

28

Eu te amo, mãe!

Mãe, aproxime-se porque hoje
quero dizer um segredo que guardo em meu coração:
"Eu te amo!"
Mãe, abrace-me carinhosamente para que ouça o silêncio
de minha alma dizendo: "Eu te amo!"
Mãe, beije-me e sorria para mim neste dia especial, pois quero tentar
resumir tudo o que sinto por você dizendo:
"Eu te amo!"
Seu jeito amoroso de ser, bendito de perdoar, incansável de trabalhar,
íntegro de me aconselhar na arte de viver.
Seu jeito maravilhoso de ser, poderoso ao superar obstáculos, gentil para
compartilhar alegrias, paciente para compreender, acolher, simplesmente amar,
amar sem regras, sem impor condições, superando todas as razões.
Ah!... Mãe... eu queria tanto contar um segredo que para você
não é um segredo porque somente você consegue captar e sondar
os sentimentos mais belos e puros que guardo em meu coração.
E mesmo assim, feliz por estar a seu lado, com lágrimas nos olhos,
sentindo-me a pessoa mais feliz do mundo, eu digo:
"Eu te amo, mãe!"

29

Mãe moderna

De onde vem, mãe, tanta força para viver?
De onde flui, mãe, tanta garra e disposição?
Fazer o café da manhã, regar as plantas, preparar o delicioso
almoço, arrumar a casa e espalhar seu encanto de rainha do lar.
De onde vem, mãe, tanta força de vontade para ir à feira, fazer
compras no shopping, abastecer o carro, levar e buscar os filhos
na escola, enviar e receber e-mails, cumprir todas as tarefas
de uma mulher forte e batalhadora?
De onde nasce, mãe, tanta energia, esperança, alegria e prazer
para trabalhar, estudar, fazer caminhadas,
responder e-mails, praticar esporte?
De onde vem, mãe, tanta inteligência e criatividade para pintar
quadros, fazer artesanato, cantar, dançar, meditar,
arrumar tempo para tudo, principalmente para amar sem limites
e de forma especial sua família?
Você é um exemplo de mãe moderna que não perde a essência
da sinceridade, do compromisso, do afeto, do perdão, da amizade,
do bem-estar e do convívio fraterno com paz, amor e felicidade.

Você, mãe, é uma campeã de energia, resistência, coragem,
saúde, disponibilidade, organização e beleza interior.
Mãe, você faz tudo isso por amor.
Deus abençoe você para continuar sendo
essa mulher maravilhosa, iluminada e
a mais importante de minha vida.

30

Mãe pela primeira vez

E você está olhando essa barriga crescer,
e vem a alegria junto com a dúvida do futuro:
Será que esse alguém dentro de meu ser
vai – a meu lado – encontrar lugar seguro?
Com quem comparar, se não tive outro filho,
se este é o primeiro num novo caminho
que agora trilho?
E você olha o berço da criança que está por chegar,
e é como se ela ou ele estivesse ali aguardando a vez
de aquele pequeno espaço ocupar.
E vêm os planos, as incertezas e a esperança,
e, a cada mexida na barriga, cresce o amor
por essa criança.
Mãe pela primeira vez que da mãe ouve o
bom conselho,
a mãe que gerou essa futura mãe,
a mulher para quem você olha como se buscasse
sua imagem num espelho.

31

Mãe por inteiro

Quem disse que mãe é só aquela que coloca a gente no mundo?
Mãe sobrevive às intempéries do dia-a-dia.
Mãe salva!
Mãe proteje!
Mãe cria!
Mãe Maria, Santíssima de Deus, que ama os filhos teus.
Minha mãe guerreira, que luta, que não desiste.
Mãe inteira,
mãe que reina,
mãe rainha,
Mãe de segunda a segunda-feira.
A ti, mãe, meu carinho e meu respeito.
Tu és mãe por direito.

32

Que saudade, mãe!

Mãe, quanta saudade eu sinto de minha infância modesta,
de meus primeiros brinquedos, das primeiras festas,
daquele bolo gostoso que você fazia em meu aniversário.
Que saudade, mãe, quando eu me espreguiçava em seu colo
e você me fazia um cafuné enquanto eu fingia dormir.
Que saudade, mãe, de minhas travessuras e aventuras.
Quanto trabalho lhe dei, quanta preocupação lhe causei.
Ora, mãe, sei que meus impulsos muitas vezes aborreceram você,
mas só você sabe a razão de tudo isso,
afinal, ser mãe é padecer no paraíso.
Mãe, sentir saudade de você e de tudo isso me permite viajar
no tempo para resgatar seus carinhos, seu aconchego,
tudo que você me ensinou para ser a pessoa feliz que hoje sou.
Sinto saudade, sim, mãe, porque na magia do tempo a idade
avança, muitas coisas mudam, só não muda o amor, o amor
materno que podemos sentir pelos caminhos da vida.
E assim, eu sempre sentirei saudade de você, afinal, eu sempre
serei sua semente de esperança, sua eterna criança,
recordando e vivendo os momentos mágicos da vida,

toda a felicidade de tê-la a meu lado sorrindo,
falando, caminhando rumo ao infinito.
É impossível viver uma felicidade maior
que a honra de tê-la como minha mãe.
Ah!... que saudade, mãe! Que saudade, mãe!

33

A criança e Deus

Uma criança pronta para nascer perguntou a Deus:
"Dizem que serei enviado à Terra amanhã...
Como eu vou viver lá, sendo assim tão pequeno e indefeso?"
DEUS: "Entre muitos anjos, eu escolhi um especial para você.
Estará lá esperando e tomará conta de você".
CRIANÇA: "Mas, diga-me: Aqui no céu eu não faço
nada a não ser cantar e sorrir, o que é suficiente
para que eu seja feliz. Serei feliz lá?"
DEUS: "Seu anjo cantará e sorrirá para você e, a cada dia,
a cada instante, você sentirá o amor de seu anjo e será feliz".
CRIANÇA: "Como poderei entender quando falarem comigo,
se eu não conheço a língua que as pessoas falam?"
DEUS: "Com muita paciência e carinho,
seu anjo lhe ensinará a falar".
CRIANÇA: "E o que farei quando quiser lhe falar?"
DEUS: "Seu anjo juntará suas mãos e lhe ensinará a orar".
CRIANÇA: "Eu ouvi dizer que na Terra
há homens maus. Quem me protegerá?"
DEUS: "Seu anjo lhe defenderá,
mesmo que isto signifique arriscar a própria vida".

CRIANÇA: "Mas eu serei sempre triste porque não lhe verei mais".
DEUS: "Seu anjo sempre lhe falará sobre
mim e lhe ensinará a maneira de vir
a mim e eu estarei sempre dentro de você".
Nesse momento havia muita paz no céu,
mas as vozes da Terra já podiam ser ouvidas.
A criança, apressada, pediu suavemente:
"Deus, se eu estiver a ponto de ir agora,
diga-me, por favor, o nome do meu anjo".
DEUS: "Você chamará seu anjo de MÃE".

Rita Elisa Seda, *Troféu*

34

Dia das Mães!

Hoje, o domingo amanheceu mais bonito,
iluminado, radiante!
Hoje comemoramos o Dia das Mães!
Dia da mulher que abriu mão da própria
vida para nos orientar, velar por nosso sono,
lutar por nossa felicidade e tornar nossa vida mais digna,
cheia de luz e amor.
Hoje é seu dia, mãe!
Dia de comemoração!
Comemoramos esta data com o coração enternecido.
Embriagados de ternura.
Bem sabemos que o dia das mães é todo dia.
Mas hoje é diferente.
Tem um sabor especial!
Hoje, lembramos das mães com mais ternura,
devoção e carinho.
Hoje é seu dia, mãezinha!
Não importa se essa comemoração será apenas
com um presente, um beijo fraterno, um abraço,
um aperto de mão ou ainda na lembrança da eterna saudade.

Não importa!
Importa, sim, que, neste dia tão especial,
as mães serão lembradas
através de uma oração sincera e de um pedido de bênçãos.
Porque mãe é luz resplandescente no universo.
Por isso, hoje, com imensa alegria,
comemoramos o seu dia!
Com o coração cheio de gratidão eu digo
com imensa alegria no peito:
Feliz Dia das Mães, minha mãe querida!
EU TE AMO!

ANTONIO MARCOS RODRIGUES PIRES nasceu no dia 11 de julho de 1972 no Município de Itaguaí, Estado do Rio de Janeiro. É radialista, compositor e Produtor Fonográfico. Casado com Kátia Regina Affonso Pires com quem tem 2 filhas, Yasmin e Larissa. É apaixonado por sua mãe, Maria Rodrigues Pires, e sua família. Desde criança sempre foi muito criativo e, incentivado por sua avó, começou aos 9 anos a escrever poesias e mensagens. Na Escola Municipal Tenente Renato César (RJ), onde cursou o primário, participou de um concurso de poesia e ficou em terceiro lugar. Antonio Marcos Pires é autor da Coleção de CDs *Histórias e Orações dos Santos*. Esta coleção, após divulgação e promoção da Rádio Globo, fez grande sucesso em todo o Brasil. Agora, apresenta belas mensagens para as mães neste maravilhoso livro. Atualmente, pertence ao célebre time de conselheiros de Marketing de uma grande Empresa de Propaganda no Rio de Janeiro.